अर्पिता के अल्फ़ाज़

काव्य-संग्रह

देवश्री पारीक 'अर्पिता'

क्रम-सूची

क्रम-सूची

क्रम-सूची

क्रम-सूची

Cover designed by Tanaya Chakraborty

अर्पिता के अल्फ़ाज़

1. शख़्स एक...

एक अनजाना नशा-सा छा रहा है
शख़्स एक, दुनिया से दिल में आ रहा है...

मैं उसी के प्यार में, गुम हो गई हूँ
वो भी मुझमें, डूबता-सा जा रहा है...

आरती की लौ बनी, मैं जल रही हूँ
और वो दीपक बना, मुस्कुरा रहा है...

देखता है वो मुझे, ऐसी नज़र से
जैसे हर कदम पर, मुझे आजमा रहा है...

अपने गीतों, ग़ज़लों और रूबाईयों में,
क्या है मुझमें, वो मुझे ही गा रहा है...

'अर्पिता' क्यों अबतलक ना जान पायी
वो साथ मेरा क्यों निभाना चाह रहा है...

2. पात-पात हम चले...

टूटे सपनों की सजाने, बारात हम चले
बरसों बाद करने खुदसे, मुलाकात हम चले...

जितने बढ़े फ़ासले, उतने ही करीब आ गए
छोड़कर वादें, गले लगाने जज़्बात हम चले...

आसमान में उड़कर, थक चुके अब
बसने की ज़मीं से माँगने, खैरात हम चले...

कुछ दें या ना दें, मोहब्बत का सिला चाहे
लुटाकर अपनी तो, कायनात हम चले...

बेशक हम न पाए, फ़ौकियत की मंजिल
मगर इंतजार में, सारा दिन सारी रात हम चले...

तेरी सोच चली प्यार में डाल- डाल
बनकर तेरी धड़कन, पात -पात हम चले...

3. सब्र के घूँट...

बचा- बचा के रोज़, मैंने जिंदगी को जिया है
हौसलों के साथ, सब्र के घूँट को पिया है...

तुम बात करते हो, कामयाबी देखने की
मेरा साथ तो बस, ठोकरों ने दिया है...

मेरी चादर में सितारे, न लगे हो तो क्या
मैंने एक-एक दिन को, रफ़्फ़ूकर सिया है...

तकदीर में तो, कुछ ना लेकर आए थे मगर
अपने हिस्से का, आसमान भी तुझे दिया है...

लोग़ करते रहे, मेरे कर्मों का हिसाब मगर
हमनें तो हर फ़र्ज़, धर्म समझकर पूरा किया है...

हो जाओ खुश, सब कुछ छीन कर मेरा
मान लूँगी अपना हक उन्हें, खैरात में दिया है...

हक और इंसाफ की लड़ाई कब तक लड़ेंगे
ज़िन्दगी का फैसला, खुदा के सुपुर्द किया है...

4. परवाह...

एक परवाह ही, सारे रिश्तों का वज़ूद होती है...
वरना दुनिया में हर रिश्ता, दाग़दार होते देखा है...

अपने तो अपने होते हैं, की दुहाई देने वालों
अपनों के भेष में, कुछ भेड़ियों को छुपते देखा है...

रिश्ते ख़ून से नहीं, दर्द और एहसास से हैं
वरना मतलब के लिए, हर शख़्स बदलते देखा है...

सभ्यता की ऊँची-ऊँची, बातें करनेवाले ठेकेदारों
अक्सर बहुओं को घूँघट में, सिसकियाँ लेते देखा है...

अपने हिस्से की दौलत, माँ-बाप ही लुटा सकते हैं
बच्चों की बारी आने पर, उनको झुकते, रोते देखा है...

5. अक्सर...

यूँ इसकदर अपना किसी को, मानना अच्छा नहीं
लोग अक्सर दिया हुआ, वापस छीन लिया करते हैं...

नेकदिल होकर किसी को, अपनी चाहतें ना देना तुम
लोग अक्सर हर किए का, हिसाब रखा करते हैं...

बेशक मोहब्बत कर, मगर यह सोच लेना गौर से
जान देनेवाले ही अक्सर, जान ले लिया करते हैं...

बेपनाह मोहब्बत का सागर, क्यों लुटाकर आए तुम
लोग अक्सर दरिया के, कतरे को गिना करते हैं...

इन बेखौफ आँधियों ने, आज यह बात है सिखलाई
लोग अक्सर आग को, जानकर हवा दिया करते हैं...

6. ख़ामोशी का आलम...

गुजरा ज़ख़्म अपनें निशाँ छोड़ जाता है
जिसतरहाँ काफ़िर, दीन-ओं-इमाँ छोड़ जाता है...

ना फेंको पत्थर, उस खामोश बहते दरिया में
कभी-कभी ख़ामोशी का आलम, तूफाँ छोड़ जाता है...

बहार बन जो चमन को करता है जन्नत
वो मौसम भी जाते हुए, ख़िज़ाँ छोड़ जाता है...

तिनका-तिनका जोड़कर बनाता है जो आशियाँ
घर का मालिक एक दिन, वो मकाँ छोड़ जाता है...

'अर्पिता' की हस्ती रफ़्ता-रफ़्ता, ख़ाक हो चली
ज़िस्म-ए-ख़ाक भी, घुटता हुआ धुआँ छोड़ जाता है...

7. समर्पण...

ये हसरत है कि दिल में, उतर जाएं हम
है इश्क़ आग का दरिया, तो पार कर जाएं हम...

दर्द जमाने ने, तुमको और मुझको दिए
क्यों ना मिलकर, इस बात से मुकर जाएं हम...

दोनों खुश हैं एक- दूजे की, खुशी के लिए
फिर चाहे राहों में, टूटकर बिखर जाएं हम...

ना समझे दुनिया तो, ग़म और गिला कैसा
ज़िस्म चीज क्या है, रूह तक सफर कर जाएं हम...

पाना जिसे प्यार कहते हैं, उन लोगों को
समर्पण होता है क्या, ये सबक देंकर जाएं हम...

ज़रूरी नहीं कि रस्में सभी, अदा हो प्यार में
रिवाज़ो की कुछ लकीरों, को तो मिटाकर जाएं हम...

8. दर्द...

जानें कब, ये दर्द कम होगा
मौत के साथ ही, दफ़न होगा...

हँसी के बदले, मिले ज़ख्मों का
दर्द ही खुद अब, मरहम होगा...

रोशनी की तलाश हो तो, आना
दर्द जलेगा, जहाँ मेरा मदफ़न होगा...

दुनिया, चली जाती है खाली हाथ
मगर, मेरे दर्द पर भी कफ़न होगा...

ताउम्र, तन्हा रोते रहे हम 'अर्पिता'
मौत पर रोनेवाला, हर शख़्स दुश्मन होगा...

9. चाह हज़ार बाकी है...

जिंदगीभर राह देखी, जिंदगी हमनें तेरी
अब मरकर भी मौत का, इंतजार बाकी है...

साथ-साथ हँसकर, ये भी भूल गए
पलकों तले आँसूओं की धार बाकी है...

कभी ना करना हिसाब, हासिल का मेरे
अभी तो लुटने के लिए, तार-तार बाकी है...

अपने आशियाने की, देख मुझको खबर नहीं
तेरे बसे घर को देखने की, चाह हज़ार बाकी है...

कुछ भी ना दिया जिसको, सिवाय परेशानी के
बचकर उसके कूँचे से गुज़रने की, दरकार बाकी है...

ए खुदा, उसे तमाम शोहरतें नसीब हो
जिसके लिए मेरा अनकहा, इज़हार बाकी है...

किसतरहाँ पूरा हो, साँसों का हिसाब
इनकी नीलामी का, हर एक तलबगार बाकी है...

कोई कह दें, उनसे कि हम हो गए हैं अनजान
अब ना आरज़ू, ना हसरत, ना प्यार बाकी है...

10. सिलसिला चलता रहे...

ख़्यालों के काफिले का सफ़र, कभी खत्म तो हो
मंज़िल ना सही, मगर इनका कोई रहगुज़र तो हो...

चश्म-ए-तर से जो, बहे जाते हैं अश्क
समंदर ना सही, मगर कोजा-ए-मुट्ठीभर तो हो...

रूठनें मनाने का सिलसिला, चलता रहे तमाम उम्र
रिश्ता-ए-मुकम्मल ना सही, अग़यार ही मयस्सर तो हो...

कैद-ए-हयात से, आजाद कर दे ए 'खुदा'
नफ़स को अनफ़ास ना सही, मगर कहीं ठहर तो हो...

11. सियासतों के बदलने पर...

ज़माने से रही दोस्ती जिनसे,
साथी वो अनजाने लगते हैं
पलकों में जिनका मुकाम था,
अब वो ख़्वाब बेगाने लगते हैं...

हाथों की हिना का रंग,
फीका न पड़ने पाए कभी
पिसते -पिसते जज़्बात सब,
दिल को जलाने लगते हैं...

एक आँगन में रहे जो साथ
भाई- भाई की तरहाँ हमेशा
सियासतों के बदलने पर,
मालिक से मकाँ छुड़ाने लगते हैं...

तेरी दुनिया में रहे खुदा
अजनबी बनके उम्रभर
वरना लोग तो अपनों से,
दामन छिटकाने लगते हैं...

मन तेरे लालच की सीमा
'अर्पिता' ना समझी आजतलक
अपनी रोशनी की खातिर,
गैर का घर ज़लाने लगते हैं...

12. चाँद...

अपनी ज़वानी पर जब, होता है चाँद
धवल चाँदी के जैसा, चमकता है चाँद...

मेरी मुंडेर के पीछे से, आता है चाँद
क्या तेरे आँगन में भी, ऐसे उतरता है चाँद...

मैं सारी -सारी रात, देखती रहती हूँ चाँद
और सारी रात मुझको, देखता रहता है चाँद...

कभी-कभी बादलों में, छुप जाता है चाँद
फिर निकलकर होले से, मुस्कुराता है चाँद...

बढ़ता है, घटता है, हँसता है, छुपता है चाँद
मेरी खुशी और हाल से मिलता-जुलता है चाँद...

जी चाहता है छुपालूँ, सबसे अपना चाँद
मगर हर आँगन को, रोशन करता है चाँद...

13. धुआँ...

जलता है कुछ तो, उठता है ये धुआँ
बुझता भी है तो, घुटता है यह धुआँ...

आँखों में कुछ दर्द सा, उमड़ता हुआ
बनके ज़िन्दगी का तजुर्बा, बरसता है ये धुआँ...

अपनी -अपनी राहें सबकी, मंजिल भी जुदा
पर एक बात है सफर बनके, मुड़ता है ये धुआँ...

कोई ऐतबार और इख्तियार नहीं उनका
चलके साथ-साथ भी, बिछड़ता है ये धुआँ...

मेरे दिल को सुकून भी है, तुझसे ए 'कसक'
होकर जुदा मुझसे किसतरहाँ, जलता है ये धुआँ...

'अर्पिता' की हसरत है कि अब खाक हो जाएं
जिसतरहाँ जल-जल के, ख़ाक होता हैं ये धुआँ...

14. स्वप्निल ऊँचाइयाँ...

तेरे मेरे बीच, ये क्या चलता है
कोई रिश्ता, बिना संबोधन ही पलता है...

परायों की तरह, जीते रहे सालों
फिर भी अजनबी, मेरे साथ- साथ चलता है...

कुछ स्वप्निल ऊँचाइयाँ, छूनी है हमें
देखते हैं दोनों में से, कौन आगे निकलता है...

बुनती रही सपनों को, आस की डोर से
बुनते- बुनते हक़ीक़त से, हर सिरा उलझता है...

क्या करना है मेरे हासिल का, हिसाब करके
ये दिल तो रोज़, उस सौदागर के हाथों बिकता है...

15. क्या पाया और क्या खोया ...

जब भी मेरा फ़साना, ज़माना तुम्हें सुनाएगा
हर लम्हा तुम्हें, मेरे इर्द-गिर्द ही पाएगा...

जिंदगी कुछ ना थी, सिवाय एक कशमकश के
बीत जाने पर तुम्हें, कौन ये समझाएगा...

सवाल था कि क्या पाया और क्या खोया
जवाब में तुम्हें, मेरा इंतजार याद आएगा...

वक्त जब करेगा, मेरे हासिल का हिसाब
तुम्हें जरूर मेरा, खाली दामन नज़र आएगा...

ना लाना माँगकर चिरागों से, रोशनी 'अर्पिता'
वरना वो शख्स, अँधेरों - सा क़हर ढाएगा...

16. नक़ाब...

वो गया था, परिंदों सी उड़ान भरके
तन्हाँ मुझे चौराहे पर, खड़ा करके...

आज मैंने भी उसका, नक़ाब है पहना
समझना चाहती हूँ उसे, उसके जैसा बनके...

तमाम उम्मीदों के चराग़, एक साथ बुझ गए
आँधियों में ज़ली थी, शमा बनके...

बदगुमानी में कुछ, देख -सुन सकता नहीं
एक बार ज़रा देखे वो, मुझे समझके...

वक़्त के तमाम खेल है, उसके हवाले 'अर्पिता'
मेरे सिवा कौन रहेगा, यूँ खिलौना बनके...

17. रीढ़...

इस दरख़्त की हर शाख, झुकी-झुकी सी है
हर एक पत्ते की साँस, रुकी - रुकी सी है...

रात तेज आँधी गुज़र के गई, पहलू से
सुबह के सूरज से इसे, बेरुखी-बेरुखी सी है...

इससे लिपटी रही, एक बेल जो हमेशा
हिज़्र की रात के बाद, वो बिखरी-बिखरी सी है...

कुछ चाहत थी बाकी, कुछ बाकी थी आशाएँ
जो खड़ा है, आस अब भी थमी-थमी सी है...

मगर उस लता की तो, कोई रीढ़ ही नहीं 'अर्पिता'
हाँ दरख़्त के पास उसकी, कुछ कमी-कमी सी है...

18. सफाई क्यों दूँ...

जो समझ मुझे सकता नहीं, उसे सफाई क्यों दूँ
जिसका लौटना नामुमकिन है, उसकी दुहाई क्यों दूँ...

ज़र्रे - ज़र्रे में कल के, तूफाँ का असर है
बनकर टूटन अब मैं उसे, दिखाई क्यों दूँ...

हर बार जो हो जाता है, बेयक़ीन मेरे सामने
बेपीर को आह बनके, अब सुनाई क्यों दूँ...

तेरे सपनों के शीशे, मेरी आँखों में कैद हैं
बिखर जाएंगे जानकर, उनको रिहाई क्यों दूँ...

कभी आँसू, कभी दर्द, कभी बेरुखी 'अर्पिता'
तुझसे जो पाया, वो सदियों की कमाई क्यों दूँ...

19. बेवज़ह...

ग़म-ए-शाम इसक़दर, तन्हाँ कर जाती है मुझे
बेवक़्त, बेवज़ह, तेरी बेख़्याली सताती है मुझे...

जाओ कह दो, उस बेपीर से जाकर मेरा हाल
ओ बेक़दर, तेरी बेरूखी, यूँ बहलाती है मुझे...

लाख भूलाना चाहा, ख़ुलुस-ए-दिल 'अर्पिता '
मग़र ये कोशिशें बारहाँ, आज़माती है मुझे...

20. ज़ख्म...

जाने क्या खता हुई, जो वो रूठ गया
उसका दिया हर ज़ख्म, अब भी गहरा सा है...

कभी रहती थी, आँखों के सामने हर पल
आजकल उन यादों पर, लगा पहरा सा है...

सोच में डूबी रहती हूँ, शब-औ-सहर
वक़्त की शाख पर कोई, पल ठहरा सा है...

सालों चिल्लाते रहे, मोहब्बतें बतलाने को
लगता है इस शहर का, हर शख्स बहरा सा है...

वो देख! तेरे वहम से जिंदा है 'अर्पिता'
आज भी उन पलकों में, सपना सुनहरा सा है...

21. हसीन वहम...

जो सच नहीं 'वो' ख़्वाब रोज़ आता क्यों है
बनके मेरा हमसफ़र, दुश्मन मुझे सताता क्यों हैं...

महज़ कफ़न-औ-फरेब हैं, इंतकाल के साथी
हर दिन फिर नए रिश्ते, तू बनाता क्यों है...

तुझसे ना कसक़, ना शिकवा, ना शिकायत
तेरा ख़्याल भी, आँसू देकर जाता क्यों है...

इश्क की आहें तमाम, आँसूओं से बह गई
देकर हमेशा ज़ख्म तू, मुस्कुराता क्यों है...

यहाँ कुछ नहीं, सिवा हसीन वहम के 'अर्पिता'
हकीकत जानकर भी, तू अश्क बहाता क्यों है...

22. रहनुमाई...

एक दफ़ा तो पलटकर, सफाई दे दो
अपने गुनाहों की जो हो, सच्चाई दे दो...

साथ अपने रखो या छोड़ दो तन्हाँ
दम मेरा घुटने लगा है, तन्हाई दे दो...

सालों से कैद हूँ, यादों की भीड़ में
आजाद हो सकूँ, ऐसी रिहाई दे दो...

ना मंज़िल का पता है, ना राहों की खबर
ए खुदा मुझे फिर से वो, हरजाई दे दो...

हर सच को सहने का, हौसला है 'अर्पिता'
बयां कर सके हर दाग़, ये रहनुमाई दे दो...

23. चंदन की कतार...

तेरे ज़िस्म की खुशबू, मुझमें यूँ सिमट आई है
जैसे किसी ने बियाबान में, चंदन की कतार लगाई है...

प्यार तो उनको भी हमसे, ना जाने कैसे हो गया
जीतें हैं कभी मरतें हैं कभी, क्या अजब सौदाई है...

जिंदगी कदम दर कदम, लेती है हिसाब वफ़ा का
मिटा दिया खुद को, लोग फिर भी कहते हरजाई हैं...

मुस्कुराहट भरी तेरी नजर, होठों पे हंसी दे जाती है
आईने को देखकर बारहाँ, खुद ही से नजर छुपाई है...

आपकी बज़्म में निगाहें, जो मुझ तक भी आ पहुँची
बड़ी मेहरबानी आपकी, जो नज़रे करम फरमाई हैं...

24. बस यही ख्वाहिश...

दिल की कसक, चिंगारी सी सुलगती है
बुझ- बुझ के हर बार, फिर से जलती है...

कभी आँसू, कभी आह, कभी बेरुखी
बन -बन के खुशी, साँसों में खटकती है...

कतरा- कतरा तेरी मोहब्बत में, बह गए
क्यों नहीं तुझे ही, मेरी खबर पहुँचती है...

या रब किसी दुश्मन को भी, इश्क ना हो
ये दुआ मेरे दिल से, दिन-रात निकलती है...

चंद लम्हों में जी लें, तमाम जिंदगी 'अर्पिता'
धड़कन के साथ, बस यही ख़्वाहिश चलती है...

25. खिलाफ़त का शोर ...

अहसानों का बोझ, गवाही देता है
खिलाफ़त का शोर, सुनाई देता है...

इसे कैसे मोहब्बत का, नाम दें ए दिल
हर तरफ मतलब, दिखाई देता है...

एहसासों का समंदर, समेटा है खुद में
उन्हें बस, कौजा-ए-मुट्ठीभर दिखाई देता है...

जरूरी नहीं, ज़ुबाँ अपनापन बयाँ करें
ये हुनर तो, आँखों में दिखाई देता है...

छोड़ तो दें उन्हें, उनके हाल पर मगर
फ़िक्र में फिर भी, वो हरजाई दिखाई देता है...

26. रात...

कोई ख़्वाहिश सी, साथ चलती है
रात एक अजनबी सी, गुजरती है...

मैं ताकती रहती हूँ, राह उसकी
ज़िन्दगी कहाँ, हर वक्त ठहरती हैं...

कई मंजर आँखों में, तैर जाते हैं
उनके आने से उफ़, जाने से आह निकलती है...

ज़िन्दगी करके देख, तू दोस्ती मुझसे
बड़ी मुश्किलों से, ऐसी पेशकश मिलती हैं...

ना आरज़ू रख, तमन्नाओं की 'अर्पिता'
ये हसरतें तो, रेत सी फिसलती है...

27. उसी हसरत से...

कैसे बदल जाती है, दुनिया किसी की
तुमसे मिलते हैं तो, खुद को भूल जाते हैं...

ख़्याल जब भी, तेरे आने लगते हैं
ना जाने कब तेरी गली, तेरे कूचे से गुजर जाते हैं...

उसी हसरत से तू, खोल दे दरवाज़ा
तमाम बार, इसी आरज़ू में उधर जाते हैं...

कोई भूले कैसे, वो बातें तमाम
ख़्याल सिमटकर, फिर बिखर जाते हैं...

खुद को इक बार, आज़ाद कर दे 'अर्पिता'
फिर देख किसतरहाँ, हम और निखर जाते हैं...

28. वक़्त...

हस्तियाँ कितनी ही बनाता और मिटाता है वक़्त,
रोज़ एक नए सफ़र पर जाता है वक़्त...

आदमी का बनना और बिगड़ना है उसके हाथ,
मुकद्दरों से फैसलें मनवाता है वक़्त...

जो गम दिए हैं हालात-ए-जिंदगी ने बेवज़ह,
उन जख्मों को सहना सिखाता है वक़्त ...

कुछ होने का गुरुर जो आप कीजिएगा,
तो औकात भरी महफ़िल में दिखाता है वक़्त...

वक़्त के खेल को समझ ले 'अर्पिता',
फिर देख किस तरह कद्र तेरी बढ़ाता है वक़्त...

29. गुमनाम ही सही...

मिट जाए ना वहम, छुपाकर हर हालात रहने दो
दिल में ही दिल की, दबी हर बात रहने दो...

यह दुनिया कहती है, बेगैरत तो बेशक कहें
ढकी हुई हर शख़्स की, औकात रहने दो...

चुपचाप नजरें झुका कर, खड़े हैं उनके सामने
हकीकतों को बनकर अब, जज़्बात रहने दो...

अपना दिल तो अंधेरों से भी, रोशन है
उनकी कैद में उजालों की, हयात रहने दो...

इस दिल में समाया हर दर्द, खुशी बनके
उनके दामन में फूलों की, बरसात रहने दो...

तमाम हक है, बनाने और मिटाने का उन्हें
बस पहलू में हमें उनके, दिन-रात रहने दो...

मोहब्बत की दौलत से, आबाद है 'अर्पिता'
गुमनाम ही सही, मगर ये कायनात रहने दो...

30. चिराग़ बुझा दें...

बादल, बिजली, बारिश, बूँदे
हर मंजर चाहे ले लें कोई...
बस वो जुगनू रहने दें मुझतक,
बाकी हर एक चिराग बुझा दें...

शोहरत, तमन्ना, आरज़ू, मोहब्बत
हर कशिश अब उनकी हैं...
टूटा हुआ ख्वाब रहने दें पलकों में,
बाकी हर एक ख्याल मिटा दें...

मेरे मांझी की हसरत है
खुशियों की इनायत पाने की...
वो एक खुशी के मिलने तक,
मुझे उनके कदमों में बिछा दें...

मंजिल की तलाश में वो
भटकता हुआ मुसाफिर है...
या तो उसको मिल जाए मंजिल,
या फिर मेरा आशियाना जला दें...

31. एक मर्तबा...

जब भी मिलते हैं साथी पुराने
हाल पूछ लेते हैं...
कैसे हैं हम, और शायरी हमारी
ये सवाल पूछ लेते हैं...

उदासी पर लेकर घूँघट हम
तबस्सुम का अदा से...
उन्हीं से उनका, फिर ये
सवाल पूछ लेते हैं...

आ तो जाए एक मर्तबा
ख़ुलूस-ए-ज़िगर को करार
होता है कैसे, फिर ये
कमाल पूछ लेते हैं...

किस्मत से लड़ते-लड़ते
आए हैं इस मोड़ पर
क्या रह गया, बाकी फिर ये
मलाल पूछ लेते हैं...

32. काफ़िर का ईमाँ

ज़ख्म दर ज़ख्म सहे, इसकदर तन्हा
साँसे आयी भी तो, अजनबी की तरहाँ...

उसने चाही सदा ही, खुशी की इनायत
हम लुटते रहे, काफिर के ईमाँ की तरहाँ...

तेरे लिखे वादों को, खुद ही जला दिया
वरना मुकरते तुम, बाकी बातों की तरहाँ...

हर दर्द को सहेज लिया, मुकद्दर समझकर
लुटा नहीं सकती, तमाम हासिल की तरहाँ...

ना गिला, ना शिकवा, उस 'खुदा' से
बेबस मुझे वह लगता है, आदमी की तरहाँ...

33. इक सुकून आँखों में...

तेरे दिल से मेरे दिल को राह, होती भी रही
ये सच था मगर, पाकर तुझे मैं खोती भी रही ...

वो आ गया लेकर, जब ज़माने की नियामतें
एक सुकून आँखों में, उसके खोजती भी रही ...

इक उम्र गुजार आए, जिसके इंतजार में हम
मुड़-मुड़ के उसी राह को, फिर देखती भी रही ...

इसकदर तेरी खुशी जाने मैं, कब से बन गई
रखोगे क्या साथ हमेशा, अक्सर पूछती भी रही ...

कभी लौट न जाना, सपने मुझे दिखाकर
मगर सदियों से हम तो साथ हैं, सोचती भी रही ...

34. आजकल...

कब से तेरी उम्मीद के, चिराग़ जलाए बैठे हैं
हर शाम इस तरह से, गुज़ार रहे हैं आजकल...

टूटा-टूटा, बिखरा-बिखरा, जीवन का हर तार
सुलझनें की बजाय, उलझते जा रहे हैं आजकल...

बेशक हमें क़ुबूल है, उनकी बेतर्क-ए-वफा
देने वाली सजा की वजह, छुपा रहे हैं आजकल...

तेरा हर सितम मेरी नजर में, अदा-ए-प्यार था
दुनिया कहती है वहम में, जिए जा रहे हैं आजकल...

वो जिनकी मोहब्बत के, तौर जुदा थे दुनिया से
जानें क्यूँ गुमनाम सी जिंदगी, बिता रहे हैं आजकल...

अपने तमाम रास्तों की मंज़िल, समझा तुम्हें
भटके हुए से मुसाफिर, नजर आ रहे हैं आजकल...

मौकापरस्ती के दौर में, हम तुमसे मोहब्बत कर बैठे
ठगा-ठगा सा हर पल, खुद को पा रहे हैं आजकल...

35. ख़्वाब सिर्फ ख़्वाब ही रहे ...

मोहब्बत को कोई, फरेब या ख़ुलुस-ए-पाक कहें
है बात तो तब, जब मोहब्बत सिर्फ मोहब्बत ही रहे...

फैलाकर झोली माँग लें, दौलत और शोहरत
मगर कभी तो 'खुदा' की, बंदगी सिर्फ बंदगी ही रहे...

खुदा ना समझ ख़ुद को, इंसानियत की हद से बढ़कर
है भला इसी में सबका, इंसा सिर्फ़ इंसान ही रहे ...

ख़्वाबों को देखकर, ना आरज़ू रख हकीकत की
'अर्पिता' कलम कहे, ख़्वाब सिर्फ़ ख़्वाब ही रहे ...

36. जाऊँ कहाँ...

यूँ रस्में उल्फ़त ताउम्र ना निभाऊँ, तो जाऊँ कहाँ
तेरी पनाह में सर को ना झुकाऊँ, तो जाऊँ कहाँ...

मेरी अज़्म का सुबूत, निगाहें चौखट पे ठहरी
तेरी एहसास-ए-बरतरी में जी ना जलाऊँ, तो जाऊँ कहाँ...

तेरी मग़रूरीयत ही, तेरी अखलाकी बुलंदी
फ़ौकियत की इस अदा को छोड़के, जाऊँ तो जाऊँ कहाँ...

तेरी नज़रों की ज़ाजबियत, नागुफ़्ता बह हो चली
जिगर-ए-ख़ुलूस और ऐतमाद ना निभाऊँ, तो जाऊँ कहाँ...

तेरी जुस्तजू में लम्हाँ -लम्हाँ, मौत के अनकरीब
खिलौना बनके तुझको ना बहलाऊँ, तो जाऊँ कहाँ...

37. चाँद के अक्स में...

चाँद के अक्स में, इक चेहरा धुंधला सा है
बुझे हुए प्यार से, फिर उठता आज धुँआ सा है ...

मैं अपने गीतों को, बाज़ार में उतार लाया
एक-एक शब्द को, लोगों ने जैसे छुआ सा है ...

परिंदों सी उड़ान भरके, उड़नें लगा मासूम मन
ज़मीं पर जो बाकी रह गया, वो गुमाँ सा है ...

ज़र्रे-ज़र्रे में मौजूदगी जानकर, तेरी ए 'ख़ुलूस'
लगने लगा हरेक पत्थर, अब मुझे खुदा सा है ...

कभी तो खत्म हो, हिज़्र की ये रात खुदाया
मर चले बस सांस बाकी, अब जरा सा है ...

मिट गई तमाम हसरतें अधूरी ही 'अर्पिता'
फिर भी जो बच गया, वो इश्क खरा सा है...

38. कोई साया...

कोई साया बनके, साथ-साथ चलता है
धड़कनों में शामिल, वो रिश्ते सा पलता है ...

सुकून के लिए काफी है, उसकी एक नजर
देखना वो शख़्स फिर, रातभर जलता है ...

उम्मीद पर टिकी जो सांसे, देखने के वास्ते
कब गुजरती है ये शब, कब सूरज निकलता है ...

उसके आने के अंदेशे पर, यकीं कर बैठी हूँ
हर पल के साथ अब, मेरा दम भी टूटता है ...

तेरे सच से महज़, वाकिफ़ है तू 'अर्पिता'
क्या तुझे समझने का दावा, कोई और भी करता है ...

39. बहती है मोहब्बत...

इक बार तू, मुझतक आकर तो देख
मेरी ही तरह, मुझको चाहकर तो देख ...

महसूस होगी तुम्हें, मुझमें हर खुशी
एक बार ज़रा, गले लगाकर तो देख ...

मग़रूरीयत को छोड़, कुछ पल के लिए
मेरी तरहाँ खुदको राहों में, बिछाकर तो देख ...

हो जाएंगे दूर, तमाम गिले-शिकवे
एक दफ़ा खुलकर, मुस्कुराकर तो देख ...

मिलेगा तुझे, हर सुकून और नींद भी
अपनी ख़ला को दिल से, भूलाकर तो देख ...

शमा जो जली, तो हुई महफ़िलें रोशन
बनके परवाना, खुद को जलाकर तो देख ...

अल्हड़ सी नदी, जैसे बहती है मोहब्बत
पीकर तू अपनी प्यास, बुझाकर तो देख ...

40. ख़ुशी के लिए...

जब भी मैं, तेरा चेहरा भूलाता हूँ
हर बार, खुद ही को भूल जाता हूँ ...

मयस्सर नहीं, रोशनी का कतरा भी
मैं जल-जलकर, रातभर मर जाता हूँ ...

रोज़ एक ही ख्वाब देखा है, ज़माने से
तू दुल्हन मेरी, मैं दूल्हा तेरा बन जाता हूँ ...

हकीकतें मगर सीने में, शूल सी चुभती हैं
ख़ुशी के लिए, गमों के साथ ज़िए जाता हूँ ...

दोनों के दरमियाँ, एक गली का फ़ासला
साथ चलकर, जानें किस ओर मुड़ जाता हूँ ...

दुनिया को, तेरे बदले ठुकरा रहा हूँ
पाकर सबकुछ खाली हाथ रह जाता हूँ ...

41. रातरानी के फूल...

माहताब के ज़रिए, एक-दूजे को देखते रहे हैं
अपने साथ हर वक्त, तुझे हम सोचते रहे हैं ...

एक बेचैनी, दोनों के दिलों में रातभर
करवटें बदल के हमतुम, यहाँ जागते रहे हैं ...

तेरा ना मिलकर भी मिलना, ऐसा है लगता
कहानियों में जैसे फरिश्ते, आते-जाते रहे हैं...

तेरी अनकही बातें, सुनकर लगता है बार-बार
आईने से जैसे हम, दिनरात बतियाते रहे हैं ...

उसकी हँसी, उस चाँदनी रात में ऐसी लगी
रोशनी में जैसे, रातरानी के फूल नहाते रहे हैं...

42. फिर सोचती हूँ...

दिल कहता है एक बार
तेरे किए की शिकायत तो की जाए
फिर सोचती हूँ इस बहाने
कोई रिश्ता फिर से ना जुड़ जाए ...

बड़ी मुश्किलों और कोशिशों से
समझाया है दिल को मैंने
फिर सोचती हूँ कोई राख में
दबी शरार फिर से ना सुलग जाए ...

तेरी तो वही पुरानी आदत
रूठ जाना, मेरा मनाना, सिर झुकाना
फिर सोचती हूँ जिसकी मंज़िल नहीं
क्यों ना वो सिलसिला टूट ही जाए ...

एक ख़ला पाली है मैंने
अपने सीने के भीतर
फिर सोचती हूँ याद रहे ज़ख़्म पुराने
क्यों ना ये ख़ला दिल में बसाली जाए ...

मेरे खुदा ने आजकल
नज़रें ही फ़िराली हैं मुझसे
फिर सोचती हूँ सांस के साथ
उसकी खुशी दिल में सजा ली जाए ...

43. हिस्सा-ए-मोहब्बत

ना समझना कभी रुसवाईयों से, शिकायत होगी
बात ज़रा ये है कि वो भी, हिस्सा-ए-मोहब्बत होगी ...

बेशक करना सितम, शौक से सह लेंगे तमाम
कभी तो छूने की हमें, आपके दिल में हसरत होगी ...

जाने कैसे आज हम भी, बदल गए ऋतु की तरहाँ
खुशी तो ना हासिल की, आगे भी तो फुर्कत होगी ...

रातभर जलकर पिघल जाते हैं, शमा की तरहाँ
परवाना बनके जलने की, क्या आपमें चाहत होगी ...

ख़्वाबों और तमन्नाओं के, घरौंदे सजा रखे हैं
सजेंगे की बिखरेंगे, जाने इनकी क्या हालत होगी ...

44. इंकार का हक...

आज मैंने इन साँसो की, कहानी लिख दी
तुम्हारे नाम अपनी ये, जिंदगानी लिख दी ...

चाहे अपनाओं या चाहे, ठुकरा दो मगर
इस दिल ने धड़कनों की, रवानी लिख दी ...

ज़माने के गमों की, अब परवाह किसे है
आँसूओं के नाम हँसी की, जवानी लिख दी ...

है अब भी इंकार का हक, तुझे मेरे हमदम
इंतजार के नाम, अंतिम सांस की निशानी लिख दी ...

45. कदमों की धूल...

जाने कैसा सुरूर, उसके दिल पर छा गया है
कौन है जो दीवाने को, फिर दीवाना बना गया है ...

मौसम की तरहाँ जिसके, दिलबर बदला करते हैं
सुना है फिर कोई और, उसके दिल में आ गया है ...

खुदा करे वो, यूँ ही ख़ुशफ़हमियों में जिए ताउम्र
वो सच जो ना सुनें, जो मेरी रूह तक जला गया है ...

खुद को कुछ भी ना समझा, अंजाम ये हुआ
कदमों की धूल जानकर, आज वो उड़ा गया है ...

हम दीवानों की तरहाँ, चाहते रहे जिंदगीभर
सभी यूँ ही चाहेंगे, इस वहम में वो बौरा गया है ...

46. अज़नबी...

नज़दीक-दर-नज़दीक, हम आ रहे हैं
मगर फ़ासले जाने क्यों, बढ़ते जा रहे हैं ...

इंतजार ले ना लें, जान हमारी
पल-पल हम मरते, जा रहे हैं ...

जाने वो अज़नबी, कैसा होगा
जिससे मिलने, हम जा रहे हैं ...

या तो उससे, मरासिम हो जाए गहरे
या फिर, खुद ही मिटने जा रहे हैं ...

बेकरारी के लम्हों का, आलम है गज़ब
नज़र-दर-नज़र, बिछाए जा रहे हैं ...

47. खज़ाना...

गुज़रे हुए वक़्त को, भूलाया नहीं जाता
खोकर भी कभी-कभी, कुछ पाया नहीं जाता...

पलकों तले मोतियों का, एक खज़ाना छुपा रखा था
बेशकीमती चीजों को, खुले हाथों लुटाया नहीं जाता...

नादाँ थे जो रोज, तेरे आने की ज़िद करते थे
अब समझे, वक़्त-बेवक़्त बुलाया नहीं जाता...

तुझी में समाई तमाम, रौनक-ए-जहाँ 'ख़ुदा'
'नूर' को छोड़ ज़माने की, स्याह में जाया नहीं जाता...

बहकाता रहा ज़माना, होश में आए तब जाना
बहके हुए दीवानों को और बहकाया नहीं जाता ...

48. कौन जानें कल क्या हो...

किसी सच को वो, देख नहीं पा रहा
छा गया, हकीक़त पर कोहरा सा है ...

बंद हूँ आजकल, उजालों की कैद में
हर तरफ आता नज़र, बस अंधेरा सा है ...

जिस रिश्ते की डोर, बुनी थी कभी मैंने
उलझा -उलझा उसका, हर सिरा सा है ...

एक-एक शख़्स क़ातिल है, अपना तो
भागता जो फिर रहा, वो मेरा सा है ...

तारीखों का हिसाब जोड़ना, छोड़ दिया
मेरे घर का तिनका- तिनका, बिखरा सा है ...

गुमाँ में घूमता था बेखौफ, जो हमेशा
आजकल वो शख़्स, कुछ डरा-डरा सा है ...

पल-पल जिसके, अंदाज़ बदलते देखें
शायद, वो शख़्स कुछ दोहरा सा है ...

कौन जानें कल क्या हो, तेरे साथ 'अर्पिता'
बंद कर ले आँखों को, इनमें वो चेहरा सा है ...

49. मज़हब...

मुनासिब होगा, ताउम्र गुनाहगार रहें
शर्तों पर मुआफ़ी, ना दो मुझे...

इस जहाँ की रवायतें, हैं नामंज़ूर
चाहे तो जिंदा, दफना दो मुझे...

बेखौफ हम कहेंगे, हशरेहाल जहाँ का
जो हो जाएँ काफ़िर, तो सजा दो मुझे...

मिलकर जी लो, ऐ मेरे वतन परस्तों
वरना हर दाग़ की, वजहा दो मुझे...

मजबूर का, किसी मज़हब से ना वास्ता
गर हो ऐसा दीन-ए-इलाही, तो बता दो मुझे...

कवितायें...

50. आत्मगौरव...

सौंदर्य का वर्णन आने पर
लोगों ने खूब, सराहा था
वाणी के मुखरित होने पर
क्यों अधरों पर था, मौन बिछा...

क्या सत्य वही, जो तुम मानो
क्या सत्य वही, जो तुम जानो
आदर्शों के ढेरों तले, सत्य को
जाने कितनों ने, कुचला था...

अधर मौन थे, शीश झुके
सबके समक्ष, निवेदन था
किंतु किसी का आत्मसंवेदन
तनिक भी, नहीं मचला था...

जाने कितनी ही, नित्यायुवनी
जाने कितनी ही, जनकदुलारी के
आत्मगौरव को खंडित करते
क्यों, पाषण हृदय नहीं पिघला था...

अब जब मैंने, शीश उठाया
जब वाणी से, विरोध जताया
जब शक्ति का आह्वान उठा
क्यों, हृदय तुम्हारा काँप उठा...

51. तेरे वज़ूद में शामिल...

घुटन,
शिकस्त,
तन्हाई का दौर
जब तुम्हें सताएगा...

हर कदम पर
ज़ोरों से पकड़ा
मेरा हाथ याद आएगा...

यह न सोचना
कभी कि मुकद्दर में
कितने गम है...

हर मुश्किल में
साथ हैं
ये क्या कम है...

ना देखना
खुद को
औरों के आईने में...

तेरे वज़ूद में
शामिल
तू मेरा, अक्स पाएगा...

52. शिद्दत...

बड़ी शिद्दत से
तुम्हें चाहा है...

बड़ी मुश्किलों से
तुम्हें पाया है...

वो जो भागता रहा
सालों मुझसे

जाने कैसे आज
मेरे पीछे चला आया है...

53. उम्रभर...

जाने कहाँ खो गई
मंजिल मेरी
जाने कहाँ खो गया
मेरा वो सपनों वाला घर...

ना जानें अब
किस राह पर हूँ मैं
न जाने किस दिशा में
खो गया मेरा शहर...

तन्हा- तन्हा सी
रहगुजर हूँ मैं
किससे पूछू राह अब
जाऊँ किधर...

कुछ मुसाफिर हैं
जो शायद मुझसे पहले
इस राह से गए इधर...

असमंजस में हूँ
चलूँ या रुकूँ मैं...

शाम से घिर आई यादें
छिप गया यूँ ही दिनकर...

इससे पहले की अंधेरों में
खो जाऊँ मैं
कोई रोशनी तो आए
मुझे नज़र...

मन ने कहा
अब यहीं रुक जाऊँ मैं
विश्वास कहता
अब भी अटल हूँ मैं...

इसे मेरी जीत कहो
या हार तुम
पर मैं खुश हूँ
जानती नहीं क्यों
हूँ मगर...

शायद सपनों का घर था
इसलिए खो गया कहीं
नींद से खुलते ही नजर...

फिर ना कोई स्वप्न
आ जाए ये सोचकर
जागते रहेंगे यूँ ही उम्रभर...

54. मौका...

मुमकिन नहीं
नदी के किनारों का मिलना
तो क्या
साथ बहतें
जानें से किसने रोका है...

मंजिल तक साथ नहीं
तो क्या
सफ़र का साथ
तय करने से
किसने टोका है...
गैरइरादतन ही साथ
चल पड़े हैं
तो क्या
निभा लो ज़नाब
यकीनन यही मौका है...

55. पहचान...

जाननेवाले लोग
पहचानने लगे
तो बात कैसी ?

बात तो तब है
जब
ना जाननेवाले लोग
आपको पहचानने लगें...

जो लोग
कुल, जात,
पता-ठिकाना
पूछकर

जानकारियाँ बढ़ाते हैं
वो महज़
'जानकार' बनकर रह जाते हैं...

रिश्तेदारों के बाद
उन्हीं की बारी आती है...

भरोसा नहीं जिन्हें
अपनी मेहनत पर
उन्हें लगता है
जानकारी काम आती है ...

हाँ, पहचान
किसी परिचय की
मोहताज नहीं होती...

ठोकरें खानी पड़े
तो खाओ तुम
वक्त कैसा भी आए
ना घबराओ तुम

फिर देखना
एक ना एक दिन
मंजिल तुम्हारे कदमों की
कर्जदार होगी...

परिश्रम और हुनर
बस उसके साथी हैं
'पहचान'
बनाना कुछ मुश्किल है
पर मुमकिन है...

स्वर्ण को भी
कुंदन बनने से पूर्व
खुद को तपाना पड़ता है...

अलग 'पहचान'
बनाने के लिए 'साहब'
'हुनर' को चमकाना पड़ता है...

56. मैं स्त्री हूँ...बस यही काफी है...

कभी जात-पाँत के नाम पर
कभी धर्म-अधर्म के काम पर
और कभी - कभी तो 'नारी'
इनका प्रिय विषय बन जाती है...

क्या ऐसा करते हुए आपको
तनिक लज्जा नहीं आती है...

जरूरत क्या है आपको
अपने मतलब से
देश को बाँटने की...

भक्त बनकर कुछ भी कह दो
थूककर फिर चाटने की...

किसने आपको हक दिया है
कुछ भी कह लेने का
एक को सही और
दूसरे को गलत ठहराने का...

अगर 'विचारों की अभिव्यक्ति
की स्वतंत्रता'
आपका मौलिक अधिकार है
तो क्या बाकी नैतिक मूल्य
यूँ हीं बेकार है...

क्यों आपने 'नारी' को
एक मुद्दा बना डाला
किसने आपको ठेकेदारी दी
सभ्यता और संस्कृति
बतलानें की...

है क्या सही और क्या गलत
यह आप कैसे बताओगे ? ? ?
किसे क्या करना है
यह आप कैसे सिखाओगे... ?

पक्षियों की उड़ान को क्या
अब आप परवाज़ दिखाओगे ?
अब हवा के रुख को
सीधा चलना से सिखाओगे...

क्या पानी को अपनी दिशा में
बहने से रोक पाओगे ? ? ?
स्वतंत्रता का मतलब अब
आप हमें बतलाओगे... ?

'स्वतंत्रता' अर्थात
अपने शरीर, मन, मस्तिष्क
एवं विचारों पर स्वयं का शासन...

अब मेरी सोच में क्या आएगा
विचारों को पकड़ने जाओगे ?
बेटी कहकर पूजा करोगे
और बहुओं को नीचा दिखलाओगे...

ठहरो, रुको, सोचो जरा
किंचित से अहंकार की खातिर
कब तक स्तर को गिराओगे... ?

बस! अब और नहीं
मेरा अस्तित्व
तुम्हारे प्रमाण-पत्र का
मोहताज नहीं...

सम्मान के बदले सम्मान
अपमान के बदले
अपमान ही पाओगे...

बहुत जी लिए डरकर
अब और कितना डराओगे ? ? ?
शर्म, लज्जा, कपड़े, गहने
क्या कहूँ या क्या ना कहूँ
यह भी आप ही समझोगे... ?

हो कौन आप
किसने दिया यह अधिकार आपको
पूछती हूँ आज आपसे...
नहीं ज़रूरत आपके मानदंडों की मुझे
मैं स्त्री हूँ...
बस यही काफी है...

57. प्यार या व्यापार...

वो...
सालों पीछा करके
मेरा,
इस नतीजे
पर पहुँचे।
चलो,
छोड़ो यार!
अपने काम की
चीज नहीं है...

कारण है...
देखने के बदले
देखना,
पीछा करने के बदले
प्यार,
तोहफ़े के बदले
सम्मान,
बुलावे के बदले
जाना,
बात के बदले
व्यवहार,
और भी ना ज़ाने

क्या -क्या...

माफ़ कीजियेगा...
इस
प्यार या व्यापार
के बदले
समय नहीं है
मेरे पास...

58. पता नहीं क्यों ?...

कौन दिशा
कौन डगर
मैं चली जा रही
बेखबर

कोई साया
आगे -आगे
मैं बेसुध- सी
पीछे -पीछे

जाने वो,
कौन है ?
क्या है ?
क्यों है ?

पर हाँ,
मैं
उस साये के
पीछे हूँ...

जाने किस
मंजिल पर
पहुँचना है उसे

जाने किस
दिशा का
वो है रहगुज़र

कुछ कशिश है जो
मैं मोहपाश में
बँधी जा रही हूँ...
चली जा रही हूँ...

वह कहता कुछ नहीं
मगर एक खामोशी
मैं डूबी हूँ जिसमें
छाई मुझ पर बेहोशी

हाँ, ये खामोशी
मुझमें सिमटती
जा रही है...

कोई गुमनाम -सी
सदा
जाने किस तरफ से
आ रही है...

मैं घबरा रही हूँ
फिर भी
चली जा रही हूँ...

पता नहीं क्यों ?
पता नहीं क्यों ?
पता नहीं क्यों ?...

59. हे! देवा...

हे ! देवा,
तुम सर्वप्रथम पूज्य हो
'गणाध्यक्ष' तुम कहलाते...

विघ्नों का सदा
नाश करो तुम
आदर पूर्वक घर आके...

ज्ञान, अर्थ, बुद्धि का
अद्भुत संगम हो
'गौरीसुत' तुम कहलाते...

जीवन में सदा
प्रकाश करो तुम
धन्य हुए दर्शन पाके...

60. शिक्षक...

चाहे संकट की कोई घड़ी हो
लाख चुनौती प्रत्यक्ष खड़ी हो...

परिश्रम और निरंतरता से
अपना कर्त्तव्य निभाते हैं...
वे 'शिक्षक' कहलाते हैं...

विघ्नों और व्यवधानों से
रुकने का सरोकार नहीं

पूर्ण क्षमता और प्रयास से
शिक्षार्थी को सुयोग्य बनाते हैं
वे 'शिक्षक' कहलाते हैं...

जीवनपथ का कठिन क्षेत्र हो
केवल लक्ष्य समक्ष मात्र हो

कोमलमन के भावी विषयों पर
मज़बूती से पकड़ बनवाते हैं
वे 'शिक्षक' कहलाते हैं...

61. लड्डू गोपाल...

जब से आया मेरे आँगन
रे तू लड्डू गोपाल...

ना कोई दुःख,
ना कोई चिंता
जीवन बना खुशहाल...

तेरी मोहक मुस्कानें
दिनभर मुझे हँसाती हैं...

बात- बात पर मैया- मैया
कहकर मुझे बुलाती हैं...

जो सोचूँ और चाहूँ मैं
तू पूरा करते जाता है...

निश्चिंत हूँ मैं, क्यूँकि तू
बेटे का फ़र्ज़ निभाता है...

अगणित तेरी लीलाओं का
कैसे वर्णन कर पाऊँ...

भावों को जो मुखरित करें
कहाँ से वो शब्द लाऊँ...

बस जीवन के अंतिम क्षण में
अपने पास बुलाये जब...

खुद हाथ पकड़ ले चलना तू
मोह मुझे सताये तब...

62. फिलहाल जाने दो...

ज़िन्दगी का
जो भी हुआ
ये सवाल जाने दो...

क्या हुआ
हश्र और अंजाम
फिलहाल जाने दो...

तेरे साथ मेरे
हर पल का हिसाब
जाने दो...

तेरा सच
तेरी ख़ुशी
तेरी फौकियत
हर ख्याल
जाने दो...

मगर एक बात है
वो एक बात
जो ज़ीने नहीं
देती है
उसे जानना
चाहती हूँ...

क्या आँसू भी
झूठे हैं
वादों की तरहाँ...

यदि हाँ
तो हर सवाल
हर हाल
जाने दो...

चलो जो भी हुआ
फिलहाल
जाने दो...

63. चंचल मन...

मेरी चाहत
चंचल हवा है...

बिखरी है
विश्वास के
आकाश में...

कभी भटकती यहाँ
कभी वहाँ...

ठहरी कभी
अपने आशियाने की
आस में...

मगर जब
हटती है
सपनों की धुँध...

निकलता है
सच का सूरज...

तो पाती हूँ
खुद को हमेशा
केवल अपनी
तन्हाईयों के
एहसास में...

फिर भी
चलता है प्रतिपल
जीवन को
जो देता है
बूँद -बूँद...

है मन को वही
सुकून हर पल...

चंचल ही सही
मेरा मन तो है
मेरे पास में...

64. मिल जाए घर कोई...

शाम ढल रही है...
सर्द हवा के झोंकों में
हल्की-हल्की कुछ
नमी पिघल रही है...

पक्षियों की देखकर कतारें
लगता है जैसे कोई
बेचैन सी नदी,
सागर से मिल रही है...

सूरज भी जाकर छिप गया
क्षितिज के आगोश में...
और यह शाम, रात का
एक फरमान लेकर आ रही है...

अपने -अपने घरों में जाकर
सबको यह रात गुजारनी है...

कोई घरौंदों में तो,
कोटर में कोई
कोई झोपड़ों में तो
आलीशान मकान में कोई...

सबका एक ठौर, एक ठिकाना
निश्चित सा करती है रात...

मगर मैं सुबह से अब तक
एक घर की तलाश में...

फिर रहा हूँ परेशान- सा
सुबह, दोपहर, शाम
एक-एक करके
सब तो गुजर गए
मेरे घर से जुड़े ख्वाबों को देखकर...

मगर मैं पा न सका ठिकाना कोई
मुझे इंतजार है...

किसी कोने, किसी गली,
किसी मोहल्ले का
बड़ी-बड़ी इमारतों की भीड़ में शायद
हाँ शायद कहीं, कोई बना हो
जो मैं पास सकूँ...

ऐसा बसर कोई
अपना ठिकाना, अपना ठहर कोई
मकानों के इस जंगल में
मिल जाए घर कोई...

65. स्वयं को बदलना होगा...

है कठिन मेरी डगर, पर मुझे चलना होगा
परिवर्तन को नियम जानकर, स्वयं को बदलना होगा...

बरसों से कैद हूँ, स्वप्न के पिंजरे में
परंतु कभी तो, बाहर इससे निकलना होगा...
परिवर्तन को नियम जानकर, स्वयं को बदलना होगा...

अब तक मन ने की, मन की मानी
मन ही की सुनी, मन ही की जानी
मन ने अब तक मुझे छला है
अब मुझे मन को छलना होगा...
परिवर्तन को नियम जानकर, स्वयं को बदलना होगा...

जीवन का मध्यम बीत रहा है गुनने में
प्रारंभ सबकी सुनने में व्यतीत हुआ
लेकिन जीवन के अंतिम प्रहर में
निश्चित लक्ष्यों को पूरित, अवश्य ही करना होगा...
परिवर्तन को नियम जानकर, स्वयं को बदलना होगा...

संघर्ष ही यूं ही, उम्र भर चलता रहेगा
जीवन के अंतिम श्वास तक, जारी रहेगा
शत्रु कोई और नहीं, स्वयं मैं
स्वयं के अंतर से मुझे लड़ना होगा...
परिवर्तन को नियम जानकर, स्वयं को बदलना होगा...

मस्तिष्क बेचारा जूझता रहता है
रात -दिन सवाल, जवाब फिर सवाल
हर प्रश्न का उत्तर स्वयं हूँ, फिर भी निरुत्तर
हर उत्तर का बन प्रत्युत्तर, आगे बढ़ना होगा...
परिवर्तन को नियम जानकर, स्वयं को बदलना होगा...

बचपन वाली सब निश्चल बातें
हो गई अनजानी, सब पहचानी बातें
निश्चलता, विक्षिप्तता है कहलाती
श्रेष्ठता की खातिर, यह कुठाराघात सहना होगा...
परिवर्तन को नियम जानकर, स्वयं को बदलना होगा...

66. स्वप्निल मुकाम...

मेरे वो सपने जो कभी बंद
तो कभी खुली आँखों से बुने मैंने
जिनमें कभी रास्तों तो
कभी मंज़िल को छुआ मैंने...

मेरा वह स्वप्निल मुकाम
जिसका तिनका -तिनका
मेरे यथार्थ
मेरे शब्द, मेरी परिभाषाएं

मेरी सोच की सीमा
जो अनंत तक जाती...

लौटने पर न तो थकन, ना उदासी
कुछ पाने का एहसास
कुछ नई उमंगें कुछ नई तरंगें
फिर किसी सपने को बुनने की तैयारी...

गज़लों का आशियाना
शब्दों का पैमाना
क्षितिज के पार से होता हुआ

अर्श को छूकर
खुद ही में डूबकर
खुद को खोजा

कई बार जिसको मैंने
तमाम रातें जागकर बनाया
वह मेरा स्वप्निल मुकाम

पाने से पूर्व छोड़ने का आभास
मैं कुछ और जी पाती काश!

अपने आशना के तिनके दिखलाऊँ कैसे
भूलूँ कैसे स्वप्न को
स्वयं को अब बहलाऊँ कैसे

अपने मन को तमाम उम्र समझाऊँ कैसे...
अपने मन को तमाम उम्र समझाऊँ कैसे...

67. सब कुछ आधा-आधा...

चलो मिलकर कर लें,
आज हम एक वादा
क्यों ना अपना बाँट लें,
हम सब कुछ आधा- आधा...

दु:ख भी आधा- आधा,
तो सुख भी आधा- आधा
खुशी भी आधी -आधी,
तो ग़म भी आधा- आधा...

ना तुमसे मुझे शिकवा हो,
ना मुझसे तुम्हें शिकायत
ना तेरे पास रहे कुछ कम,
ना मेरे पास रहे कुछ ज्यादा...

चाहे अलग हो तेरी मंजिल,
या अलग हो मेरे रास्ते
ना मैं पूछूँ आरज़ू तेरी,
ना तुम पूछो मेरा इरादा...

ना तू मुझसे कम रहे
ना मैं रहूँ तुझसे ज्यादा
तुमने गर बेवफाई की तो
वफ़ा का क्यों हो तकादा...

जितनी खुशियाँ हिस्से तेरे
जितने ग़म हो हिस्से मेरे
ना तेरे पास कुछ कम रहे
ना मेरे पास कुछ रहे ज्यादा...

क्यों ना अपना बाँट लें,
हम सब कुछ आधा-आधा...

68. परिपूर्ण जीना चाहती हूँ...

ओ सूरज,
सुना है तुम सबको
उजाले बाँटते हो...

पर बरसों से मैं
तुम्हारे आने की
राह देखती हूँ...

मेरे हिस्से की रोशनी
कब दोगे मुझे ? ? ?
रोज़ खुली आँखों से
जिसके ख़्वाब देखती हूँ...

देखो अब की बार तुम
पिछली गली से,
पीठ करके गुजरना नहीं...

सुनो मैं तुम्हें आवाज दे रही हूँ...
हाथ पकड़ कर,
चाहे ले चलो साथ मुझे तुम,
मैं रोशनी का जहाँ देखना चाहती हूँ...

सालों से दम घोंटता है अँधेरा
पर अब मैं साँस लेना चाहती हूँ...

ठोकरों से पाँव हो चुके हैं घायल,
अब रुक कर घाव सूखाना चाहती हूँ...

मरने से पूर्व एक बार
सम्पूर्ण जीना चाहती हूँ...
मरने से पूर्व एक बार
परिपूर्ण चाहती हूँ...

69. अपनी तो यही दिवाली है...

देखा एक मासूम को मैंने
मोमबत्ती के टुकड़े बीनते हुए
जो रात बाहर की मुंडेर पर
थे कुछ अधजले से रह गए...

एक हाथ में कचरे का थैला
तन पे चीथड़ा मेला कुचला
उन अधजले मोम के टुकड़ों को
कसके हथेली में था पकड़ा...

चेहरे पर शहंशाह सी मुस्कान
आँखों में इतना गर्व भरा
पा लिया जैसे कोई खजाना
मारे खुशी के दौड़ पड़ा...

देख मां, मैं क्या लाया हूँ
चल जल्दी तू भी जला
हम भी दिवाली मनाएंगे
खुशियों से घर सजाएंगे...

मन की पीड़ा छुपाकर
माँ बोली, हाँ क्यों नहीं
अभी लक्ष्मी आने वाली है
अपनी तो यही दिवाली है...

70. लौट ही जाना था...

आईनें को जब भी देखा
चेहरा कोई अनजाना था
अपनी शक्ल देखे कैसे
जो देखा, सब बेगाना था...

सुनो, रुको, ठहरो
आवाज दी, रोज़ उसे मैंने
मगर, हर हाल में उसे तो
लौट ही जाना था...

जिसे दौलत समझकर
गुमाँ करते रहे हम
वो बस ख्वाबों का
पुलिंदा पुराना था...

71. अनजाना...

वो जानता ही नहीं, क्या है मेरा अफसाना
वो एक पत्थर है, और मैं हूँ दीवाना......

वो मुस्कुराता भी है
दिल को बहलाता भी है
जाकर दूर मुझसे
पास फिर आता भी है

क्या है हसरत उसकी, आता नहीं ये बतलाना
वो एक पत्थर है, और मैं हूँ दीवाना......

कुछ छुपाता भी नहीं
और बताता भी नहीं
देखता है मुझको
ये दिखाता भी नहीं

कोई पूजता है उसको, है वो इससे अनजाना
वो एक पत्थर है, और मैं हूँ दीवाना...

शेर...

1. तज़ुर्बों ...

जिंदगी के तज़ुर्बों नें, इतना तो सिखा दिया

अपनी हिम्मत के सिवा, दूसरा कोई साथी नहीं होता...

2. ख़ामोशी ...

वो और हैं, जो कतरे-कतरे का हिसाब रखते हैं...

हम तो समंदर भी, ख़ामोशी से लुटाते हैं...

3. खुद की बारी...

इस दौर की, सबसे बड़ी ज़िम्मेदारी

खुद को खुश रखने की, अब खुद ही की बारी...

4. सब्र...

उम्मीदों की कश्तियाँ, तूफाँ में उतार दी हैं...

अब देखना है जिंदगी, सब्र कितना बाकी है...

5. ज़िद...

वक़्त से कह दो, कि हमें आज़माने की ज़िद ना करें

अपने हौसलों पर यकीन है, किसी के दावों पर नहीं...

6. तलाश...

मेरी तन्हाइयों को, तेरी महफ़िल की आरज़ू नहीं

हम तो निकलें हैं, खुद के वज़ूद की तलाश में...

7. क़ुबूल...

सिवा इन तीन बातों के

हमें सब क़ुबूल है...

रिश्ता,

भरोसा

और मोहब्बत...

8. बेमक़सद...

बेख़्याली में बेहिसाब, वक़्त बर्बाद क्यूँ करना

ख्वाबों को देखने में, हुनर बर्बाद क्यूँ करना

जिंदगी मिली है तो, किसी के काम आइए

बेमक़सद, बेवज़ह, इसे बर्बाद क्यूँ करना...

9. बेकरार...

मुलाकात को वक़्त से आजमातें नहीं

यादों को दिल का दर्द बतातें नहीं

महसूस करते हैं ग़म जुदाई का

पर इश्क में बेकरार नज़र आते नहीं...

11. सदाओं...

'सदाओं', यूँ ना पीछा करो मेरा

रुककर ज़वाब देने का वक़्त नहीं

अभी मंज़िल बहुत दूरी है

सफर भी तन्हा तय करना है मुझे...

12. असर...

तेरी शोहबतों का कुछ ऐसा असर हुआ

कि शोहरतें, तमाम उनके सदके हो गईं...

दुनिया की बख्शी दौलतों का अफसोस कैसा

हमें तो 'खुदाया' मुफ़लसी से मोहब्बत हो गई...

13. रिश्ते...

अक्सर हमनें, उनको भी

रिश्तों की दुहाई देते देखा...

जिनकी अपनी

किसी अपने से बनी नहीं...

14. मायने...

अब उनसे क्या उम्मीद करें

कि वो समझेंगे हमें,

जो दिल के फ़लसफों

के मायने हम हीं से पूछते हैं...

15. अंदाज़...

तेरा दुश्मनी निकालने का

'अंदाज़' मुझे पसंद आया,

वरना अफ़सोस करते हम,

किसी ने प्यार नहीं किया...

16. सौदा...

कामयाबी के साथ, आज एक सौदा तय हुआ है...

तकदीर के फैसले, वक़्त के साथ मिलकर तय करेंगे...

17. जीत...

देखना है कि राह- ए- उल्फ़त में जीत

किसके हिस्से आती है...

बड़े ईमान से उसने

मोहब्बत का सौदा किया है...

18. बेरूखी ...

तेरी 'बेरूखी' का

अब क्या गम है...

'बेरूखी' भी तेरी है

ये क्या कम है...

19. बेपरवाह...

तेरी बदगुमानियत से, कोई एतराज नहीं

जिंदगी ने अब मुझे, बेपरवाह बना दिया...

20. दायरे...

'तुम' मुझसे

अल्फाजों को

दायरे में बाँधने की

ज़िद ना करो...

लंबी खामोशी के बाद

बड़ी मुश्किलों से मैंने

ज़ुबाँ खोली है...

21. आरज़ू...

गिला इस बात का नहीं

कि वो बेक़दर,

बेवफ़ा हो गए...

दर्द तो इस बात का है

कि इस दिल को

अब भी उन्हीं की

आरज़ू बाकी है...

22. खौफ...

तेरे बाबस्ताँ, कुछ ख्वाब बुने थे मैंने

बिछड़ने का खौफ, चैन से सोने नहीं देता...

23. वज़ूद...

खामोशी की कहकशाँ में,

ना तलाशकर मेरा वज़ूद

वक़्त और तजुर्बों ने

इस पर पाबंदी लगाई है...

24. बेहक़ की दौलतें...

यूँ तो बेहक़ की दौलतें,

कभी ना चाही थी मैंने

मगर तूने बेहिसाब

नेमतें देकर, खास बना दिया...

25. समझौते...

हाँ, ग़र झुकना पड़े नेकी के वास्ते, तो मंज़ूर सौ दफ़ा

मगर वो शोहरत ना अता करना, जो समझौते से आए...

26. सब्र का समंदर...

जाओ मुक़द्दरों से कह दो,

हमें आज़माने की कोशिश ना करें

हम सब्र का समंदर

दिल में छुपाए बैठे हैं...

27. उम्मीदें...

उम्मीदें ना रख

मौकापरस्ती के दौर में 'अर्पिता'

यहाँ वफ़ा का सलीका

मतलब से आँकते हैं...

28. तिनके...

ख्वाबों के पुलिंदे,

कब घर बना करते हैं

ये तिनके तो दर-ब-दर

उड़कर बिखरा करते हैं...

29. रिहाई...

आजकल, उनकी यादों की गिरफ्त में हैं...

कमबख्त रिहाई, नामंजूर है अब हमको ...

30. इश्क़...

यें बहारें इश्क है जाना

इन पर ना यक़ीन कर,

नई रुत के आने पर

इनका बदलना तो तय है...

मुक्तक

1. मशहूर...

ग़म-ए-जिंदगी ने इतना भी,बेज़ार ना किया

तेरे इश्क ने इतना भी, बेकरार ना किया

यूँ खामखाँ ही कुछ किस्से मशहूर हो गए, वरना

हकीकतों से कभी खुद को तलबगार ना किया...

2. ऊपरवाला...

मंदिरों में फूल चढ़ाओ

चाहे मज़ारों पर माला

गर बाँट सको दर्द किसी का

तो खुश होगा ऊपरवाला

3. तेरी याद...

ग़म-ए-शाम इसकदर, तन्हाँ कर जाती है मुझे

बेवजह, बेवक़्त तेरी बेख्याली, सताती है मुझे

लाख चाहा तुझे भूल जाना, ए ख़ुलुस-ए-दिल, मग़र

भूलाने की कोशिश भी, तेरी याद दिलाती है मुझे...

4. ग़म नहीं...

ये दुनिया लाख सताए मुझे, तो ग़म नहीं

मेरी चाहत मेरी जिंदगी है, कोई वहम नहीं

बेगानों से गले मिलो या चाहो गैर को

सज़दा तेरा ही करेंगे तुम, खुदा से कम नहीं...

5. स्मृतियां...

आस की संध्या आती रही, दीप जलाकर

यामिनी बीती जाती रही, अश्रु बहाकर

मैं निर्निमेष कब तक निहारू, द्वार की चौखट

स्मृतियां सहलाती रही, घावों की धूल हटाकर...

लेखिका

नमस्कार... व्यक्तित्व का परिचय शब्दों की अभिव्यक्ति के माध्यम से देने का बेहतरीन तरीका है। मैं देवश्री पारीक 'अर्पिता' समर्पित भाव से हिंदी शिक्षिका, लेखिका, कवयित्री हूँ। पूर्व में, काव्य-पाठ मंचन, वर्तमान में लेखन जारी है।

शैक्षिक योग्यता:-

M.A. In Hindi

M.A In History

B. Ed.

'O'Level from DOEACC Society, Delhi.

निरंतर लेखन:-

Sahityapedia

Story Mirror

ALLPOETRY.COM

Facebook Page:- @ArpitaKeAlfaz

Email Id :- arpitakealfaz@gmail.com